20 Novembre 1880

Vente du Samedi 20 Novembre 1880

HOTEL DROUOT, SALLE N° 5

A TROIS HEURES

OBJETS D'ART

DE LA CHINE ET DU JAPON

Composant l'intéressante Collection de M. X

JADES

BEAU VASE DE 33 CENTIMÈTRES DE HAUT

Laques et Ivoires japonais, Émaux cloisonnés de la Chine
Bronzes, Porcelaines, Terres émaillées

CURIOSITÉS DIVERSES, DEUX TABLEAUX

EXPOSITION PUBLIQUE AVANT LA VENTE

DE UNE HEURE A TROIS HEURES

Mᵉ Émile TROTRY	**M. GEORGE**
COMMISⁿᵉ-PRISEUR	EXPERT
Rue Montyon, n° 11	Rue Laffitte, 12

PARIS — 1880

V^{es} RENOU, MAULDE et COCK

IMPRIMEURS DE LA COMPAGNIE DES COMMISSAIRES-PRISEURS

Rue de Rivoli, 144

CATALOGUE

DES

OBJETS D'ART

DE LA CHINE ET DU JAPON

Composant l'intéressante Collection de M. X

JADES

BEAU VASE DE 33 CENTIMÈTRES DE HAUT

Laques et Ivoires japonais, Émaux cloisonnés de la Chine
Bronzes, Porcelaines, Terres émaillées

CURIOSITÉS DIVERSES, DEUX TABLEAUX

DONT LA VENTE AURA LIEU

HOTEL DROUOT, SALLE N° 5

Le Samedi 20 Novembre 1880

A TROIS HEURES

Mᵉ **ÉMILE TROTRY**, Commissaire-Priseur au département de la Seine
demeurant à Paris, rue Montyon, 11,
Assisté de **M. GEORGE**, Expert, rue Laffitte, 12.

EXPOSITION PUBLIQUE AVANT LA VENTE

DE UNE HEURE A TROIS HEURES

PARIS — 1880

CONDITIONS DE LA VENTE

—

Elle aura lieu au comptant.

Les Adjudicataires paieront CINQ POUR CENT, en sus des enchères, applicables aux frais.

DÉSIGNATION

—

JADES

1 — Grand et beau Vase à couvercle en jade vert
foncé, de 33 centimètres de haut, à anses mo-
biles et couvert d'une riche ornementation en
relief: fleurs, feuillages, poissons, vases, etc.
Socle en bois sculpté. Travail chinois.

2 — Coupe à couvercle en jade blanc, en forme de
brûle-parfums, à deux anses en S et arêtes
saillantes. Travail chinois. Socle en bois de fer.

3 — Coupe en jade blanc, forme coquille. Socle en bois
sculpté.

4 — Fleur en jade. Pied en racine sculptée.

5 — Jonque chinoise en jade, sur socle en bois sculpté.

6 — Vase en jade, entouré de trois figurines d'enfants.

7 — Cendrier en jade, forme de feuille à bord replié,
avec sauterelle à l'intérieur.

8 — Deux beaux Ecrans composés de plaques gravées,
forme gourde en jade, placées sur des montures
finement sculptées en ivoire vert. Travail chinois.

9 — Vase à couvercle en jade, en forme de théière à côtes, anse à anneau mobile prise dans la masse.

10 — Flacon à tabac en jade vert, avec bouchon en pierre bleue et monture en métal.

IVOIRES

11 — Charmant petit Cabinet en ivoire sculpté et gravé, à personnages, et enrichi d'incrustations de nacre, d'écaille et de pierres de couleur. Il est placé sur son socle à quatre pieds, également en ivoire garni d'incrustations.

12 — Jolie Boîte de pharmacie en ivoire, avec incrustations de nacre, écaille et or, représentant des dragons.

13 — Ivoire japonais. Groupe de trois personnages.

14 — Ivoire japonais. Groupe de trois personnages.

15 — Ivoire japonais. Femme et deux enfants.

16 — Ivoire japonais. Confucius.

17 — Ivoire japonais. Trois Bonzes.

18 — Ivoire japonais. Figurine de barbier.

19 — Ivoire japonais. Figurine de chasseur.

20 — Ivoire japonais. Guerrier Sham-la.

21 — Ivoire japonais. Magicien.

22 — Ivoire japonais. Bonze et Cerf.

23 — Ivoire japonais. Femme et un enfant.

24 — Ivoire chinois. Groupe avec nombreux personnages au pied d'un arbre.

LAQUES

25 — Jolie Boîte à compartiments, en forme d'éventail, en laque d'or du Japon.

26 — Très petite jarre en laque très fin aventurine du Japon (Écrin).

27 — Très petit Vase en laque d'or du Japon (Écrin).

28 — Bonbonnière à double boîtier, à bords contournés, en laque, à fleurs d'or sur fond noir aventurine.

29 — Boîte sphérique en laque vermillon ciselé de Pékin.

30 — Boîte quadrilobée en laque vermillon ciselé de Pékin, à rosace d'écureuils et feuillages sur le couvercle.

31 — Boîte carrée et haute, à compartiments, en laque du Japon, or et aventuriné.

32 — Autre Boîte, de même forme, à dessins dorés sur
fond noir (elle est contenue dans un sac).

33 — Un Plateau.

34 — Boîte carrée à rosaces sur fond aventuriné.

35 — Boîte plate carrée, dessins dorés fond aventuriné.

36 — Deux petits Plateaux or sur fond vermillon.

———

ÉMAUX CLOISONNÉS, BRONZES

37 — Belle Garniture de cinq pièces en émail cloisonné
de la Chine, composée de : un Brûle-Parfums,
trépied à couvercle (avec petit socle en bois) ;
deux Cornets et deux Flambeaux. Ces cinq
pièces reposent sur un socle en bois de fer
sculpté à jour.

38 — Petit Brûle-Parfums carré en émail cloisonné de la
Chine. Socle en bois de fer.

39 — Vase à couvercle en bronze repercé à jour. Travail
indien.

40 — Deux Jardinières de suspension en émail cloisonné de la Chine.

41 — Brûle-Parfums en bronze de la Chine, décoré de
dragons en relief.

42 — Petit Cornet cylindrique en ancien cloisonné de la
Chine,

43 — Petit Vase, forme potiche, ancien cloisonné de la
   Chine.

44 — Petite Bonbonnière sphérique en émail cloisonné.

45 — Brûle-Parfums ovale, forme char, vieux bronze de
   Chine.

46 — Brûle-Parfums et deux Vases en bronze.

PORCELAINES, TERRES ÉMAILLÉES

47 — Beau Vase, modèle rouleau, en porcelaine de la
   Chine, orné de vases, corbeilles et ustensiles
   divers en émaux de couleurs et se détachant
   en relief sur le champ du vase laissé en blanc.

48 — Vase en porcelaine de la Chine, avec couvercle et
   socle en bois de fer (provenant du Palais
   d'Eté.

49 — Bonbonnière en porcelaine de la Chine (Kanga).

50 — Vase en céladon craquelé, décoré d'un sujet, jeux
   d'enfants.

51 — Boîte à couvercle en terre émaillée et ajourée.

52 — Statuette de femme tenant un vase à fleurs en
   porcelaine émaillée.

53 — Bonze chinois en terre émaillée.

54 — Trois Bols en porcelaine de la Chine gravée et
   émaillée, de diverses nuances.

55 — Un Bol en Chine, émail rose.

56 — Deux Bols à couvercles, émaux de couleurs.

57 — Deux petits Brûle-Parfums en Satzuma.

58 — Deux Théières en Satzuma.

OBJETS VARIÉS

59 — Cristal de roche. Petite Coupe avec figurine d'enfant faisant boire un oiseau.

60 — Coupe, feuille de lotus, en pierre de lard, sur socle en bois de fer.

61 — Porte-Cartes en filigrane d'argent.

62 — Porte-Cartes en bois de santal sculpté.

63 — Cadre en bois de santal.|

64 — Un lot d'Albums.

TABLEAUX

65 — Pêcheurs à Plougastel, par BOUDIN.

66 — Port de mer, par JOSEPH VERNET.

Vᵉᵉ RENOU, MAULDE et COCK, imprᵉ de la Compagnie des Commissaires-Priseurs, rue de Rivoli, 144.   11770

Paris, le *18 9bre 1880*

M

M *Frane* a l'honneur
de vous offrir un crédit de *trois* mois
ou *1/2* pour cent d'escompte, sur les
acquisitions que vous pourrez faire à la Vente
qui aura lieu les *22, 23, 26 et 27 du courant*
rue *Chaile Drouot* salle n° *5*
si elles s'élèvent au-dessus de *200* francs.

Votre très humble serviteur,

Pour mr Frane

Mechin

AVIS IMPORTANT

Le règlement devra être fait au plus tard dans la huitaine
et remis chez Mᵉ Cʜ. Pɪʟʟᴇᴛ, commissaire-priseur, rue de
la Grange-Batelière.

www.ingramcontent.com/pod-product-compliance
Lightning Source LLC
LaVergne TN
LVHW010845180726
843502LV00009B/3726